REUNIÓN DE VECINOS

Lourdes Miquel / Neus Sans

REUNIÓN DE VECINOS

DIFUSIÓN
Centro de Investigación y Publicaciones de Idiomas
C/Trafalgar, 10, entlo. 1ª 08010 Barcelona
E-mail: editorial@difusion.com
www.difusion.com

Colección **"Venga a leer"**
Dirigida por Lourdes Miquel y Neus Sans
Serie "Plaza Mayor, 1"

Diseño de la colección: Ángel Viola
Ilustración de la cubierta: Ángel Viola
Fotografías: Miguel A. Picazo

Reimpresión: 6 7 8 9 10 / 2006 2005 2004 2003 2002

ISBN: 84-87099-72-6
Depósito Legal: M. 25.322-1994
Impreso en España - Printed in Spain

En la Plaza Mayor, 1 viven...:

Doña Josefa, la portera, siempre quiere saber la vida de los vecinos.

La familia Muñoz: el padre, **Manuel Muñoz**, es médico, la madre, **Alicia Ruiz**, es ama de casa, y las cinco hijas (**Clara**, **María**, **Isabel**, **Rocío** y **Paloma**).

Miguel Fernández es un funcionario de unos sesenta años, antipático y de derechas que está casado con **Luisa Mendoza**, una ama de casa, presumida e infeliz con su marido.

Irene Vázquez es profesora de literatura en un instituto. Está separada, vive sola y es muy independiente. Está enamorada de José Moyano.

José Moyano es el director de una empresa de vídeo –un auténtico ejecutivo–. Está separado. Tiene tres hijos pero vive con su hija **Sonia**, la mayor. Está enamorado de Irene Vázquez.

Doña Carmela Sagasta tiene unos setenta años, es muy atractiva, le encantan los hombres guapos y nadie sabe nada de su pasado. Vive sola con su perro **Blasillo**.

Ricardo Solá es un médico catalán. Vive en Madrid desde hace un tiempo. Le encanta tocar la batería y los teclados. También vive solo.

Cecilia Blastein y, su marido, **Alfredo José Soria**. Son argentinos. Hace bastantes años que viven en Madrid. Ella es psicóloga y él trabaja en una editorial.

Junichi Murata es un japonés que está en Madrid estudiando español. Vive en un piso con otros estudiantes: un vasco, un sueco,...

Y en esta historia también vas a conocer a...

Mariona y Oriol Pedret Gómez, unos sobrinos de Irene Vázquez. Son de Barcelona y deciden pasar unos días en Madrid con Irene. Es la primera vez que van a Madrid.

1

Irene aparca el coche en el parking del aeropuerto de Barajas (1). Sus sobrinos Mariona y Oriol (2) llegan hoy de Barcelona a pasar unos días con ella, a conocer Madrid y a mejorar un poco su español (3). Irene compra el periódico y mira el reloj. Son las diez y media. El avión llega a las once. Tiene tiempo de tomarse un café en el bar del aeropuerto.

— Un café solo, por favor.

Se lo toma y va a «Llegadas Nacionales». El avión ya ha llegado. Empieza a salir gente: unos vienen de Sevilla, otros de Valencia, otros de Palma de Mallorca... Salen, también, los de Barcelona pero Oriol y Mariona no están por ninguna parte. Irene está un poco preocupada: «Tal vez han perdido el avión», piensa. Va a hablar con la señorita (4) de Información de Iberia (5):

— ¿Puede decirme si Oriol y Mariona Pedret Gómez han llegado en el último avión de Barcelona? —le pregunta Irene.

— Lo siento, no podemos dar esa información.

— Mire, es que tienen quince años, es la primera vez que viajan en avión, tenían que llegar en este avión y no han llegado... —le explica Irene un poco desesperada.

— A ver, un momento... ¿Tiene el número de vuelo?

— No, no lo tengo —contesta Irene.

La empleada de Iberia mira en el ordenador y dice:

— A las once han llegado dos aviones de Barcelona. Uno a «Llegadas Nacionales» y otro a «Llegadas Internacionales».

«Seguro que están en el otro edificio —piensa Irene—. Pobrecitos.»

Irene tiene ganas de protestar, de preguntar por qué un avión de Barcelona llega a «Llegadas Internacionales»... Pero no tiene tiempo y se va corriendo al otro edificio: «Trescientos o cuatrocientos metros de *footing* a estas horas y con estos zapatos...».

De repente oye: «Irene, Irene». Y allí están. Altos, guapos y sonrientes. Mariona y Oriol la han encontrado. Se besan y se abrazan.

— ¿Qué tal el viaje? —les pregunta Irene.

— Muy, muy bien. Nos ha gustado mucho.

— Y, además, hemos visto todo el paisaje: el mar, los campos de Castilla...

— ¡Qué bien! Bueno, ¿qué queréis hacer?

— Comer algo —dice Oriol que siempre tiene hambre.

— Podemos ir a casa, dejar las maletas, desayunar y luego pasear por Madrid, ¿vale?

— Muy bien.

2

— Me encanta este piso —le dice Mariona a Irene—. Y, además, está en el centro...

— Sí, en el centro exacto. La Plaza Mayor y la Puerta del Sol (6) son el centro antiguo de Madrid —les explica Irene—. A veces, en lugar de mirar la tele, miro por el balcón. Es más divertido: hay gente paseando, hablando, de compras, tomándose algo en los bares...

— ¿Y los vecinos qué tal?

—Bien. Hay de todo: un piso de estudiantes, un médico, también catalán, muy simpático, una señora de unos setenta años simpatiquísima, una psicóloga argentina, un matrimonio con cinco hijas... Me parece que hay dos que tienen vuestra edad, más o menos...

— Ah, ¡qué bien! Algún día podemos salir con ellas...

— No, más mujeres, no —dice Oriol.

— ¿Por qué? —le pregunta Irene.

—Porque las chicas de mi edad son muy pesadas... Todo el día están hablando de chicos...

— Y vosotros estáis todo el día hablando de fútbol —le contesta Mariona.

— También —continúa Irene— hay otras personas que no conozco mucho y una portera que quiere saber la vida de todos.

— ¡Qué horror!

— No, pero es muy amable... Ah, me olvidaba... Y un separado...

— ¿Guapo? —le pregunta Mariona.

— Guapísimo —le contesta Irene.

— ¿Te gusta?

— Me encanta.

— Irene tiene novio, Irene tiene novio... —dice Oriol cantando y riéndose.

— No, no, no, no... No es mi novio. Es un buen amigo.

— Ya —dice Oriol—. Como en las revistas del corazón (7): «No somos novios. Somos simplemente amigos».

— ¿Queréis conocerlo?

— Sííííí —contestan a la vez.

— Pues esta noche podemos cenar con él. Con él y con su hija Sonia, ¿vale?

— De acuerdo.

— Voy a llamarlo.

Irene llama por teléfono a José Moyano.

— ¿Diga?

— ¿José? Hola, soy Irene. ¿Te apetece cenar esta noche con mis sobrinos y conmigo?

— Sí, muy bien. ¿Ya han llegado?

— Sí, hace un rato. Oye, y también puede venir Sonia, ¿no?

— Estupendo. ¿Dónde quedamos?

— ¿En mi casa?

— De acuerdo. ¿Y a qué hora?

— No sé, a las nueve y media o diez...

Cuando Irene cuelga el teléfono, Mariona le pregunta:

— ¿Cenáis a las diez de la noche?

— A las diez o a las diez y media. Es que aquí se cena bastante más tarde que en Barcelona...

— Tendré que merendar —dice Mariona.

Irene piensa que es más barato comprarles un billete de avión que alimentarlos.

3

Irene, Oriol y Mariona deciden ir a pasear por Madrid. Pasan por la Puerta del Sol y bajan por la calle de Alcalá (8).

— Mira, la Puerta de Alcalá (9) —les dice Irene.

— ¿Dónde? —pregunta Oriol.

— Mírala, allá al fondo... ¿No la ves? —le dice Mariona.

— Ah, ahora, ahora. No la veía.

— Y los árboles que están detrás son los del Parque del Retiro, el Retiro, lo llamamos aquí.

— Me encanta todo esto.

— A mí también.

Por una vez Mariona y Oriol están de acuerdo.

Pasean, escuchan la música de unos cuantos grupos que tocan por el parque, dan un paseo en barca por el estanque (10) y, finalmente, se sientan en un bar al aire libre para tomar un aperitivo (11).

— ¿Qué queréis tomar? —les pregunta Irene.

— Yo, una coca-cola.

— Yo también. Y patatas fritas.

— Sí, yo también. Patatas fritas y aceitunas.

«Carísimo. Alimentarlos es carísimo», piensa Irene mientras le dice al camarero:

— Dos coca-colas, una cerveza, dos de patatas fritas y dos de aceitunas, por favor.

Es sábado, hace sol y, por eso, hay mucha gente paseando por el parque.

— En Barcelona no hay un parque así, tan céntrico —comenta Oriol.

— Sí —comenta Mariona—, pero tenemos el mar y, ahora, con el Puerto Olímpico (12) es estupendo... Muchos domingos vamos a tomar el aperitivo allí, ¿sabes? Al lado del mar y de las barcas... ¿Tú ya lo has visto, Irene?

Puerta del Sol

— Fui una vez, pero por la noche. Estuve cenando en un restaurante al lado del mar. Me encantó.

Llega el camarero con el aperitivo.

— ¿Cuánto es? —le pregunta Irene.

— Mil cuatrocientas treinta.

— Tome, ya está bien (13) —dice Irene dándole mil quinientas pesetas.

En ese momento llega una chica rubia, muy guapa, y le dice a Irene:

— ¡Hola!¿Puedo sentarme con vosotros?

«¡Horror!», piensa Irene. Pero le dice:

— Sí, claro. Éstos son mis sobrinos Mariona y Oriol. Y ésta es Clara, una vecina.

— Hola.

— Hola, ¿qué tal?

Irene y Clara no se llevan muy bien. Clara es una vecina. Está locamente enamorada (14) de José Moyano, el amigo de Irene y vecino de las dos. Lo espía, lo persigue y, además, es amiga de su hija Sonia... Irene está cansada de Clara. Y José también.

— Tus sobrinos no se parecen en nada a ti —le dice Clara a Irene.

Oriol, Mariona e Irene se ríen.

— ¿Por qué os reís? —les pregunta, sorprendida, Clara.

— Porque en realidad no son sobrinos míos, sino sobrinos de mi ex-marido...

— Pero Irene es como una tía para nosotros —dicen Oriol y Mariona a la vez.

Hoy están muy de acuerdo.

— ¿Tú has estado casada? No lo sabía... —dice Clara.
— Hay muchas cosas que no sabes sobre mí, Clara —le contesta Irene.

Se ríen otra vez.

Llega otra chica rubia.

— Hola, ¿puedo sentarme?

— Claro, claro —le dice Irene.

— Esta es María, mi hermana —dice Clara—. Y éstos son Oriol y Mariona, son los sobrinos de Irene.

— ¿Sois catalanes? —les pregunta María.

— Sí, de Barcelona.

— ¿Y qué hacéis en Madrid?

— Hemos venido a pasar unos días con Irene y a conocer Madrid.

— ¿Es la primera vez que venís?

— Sí.

— Ah, pues podemos hacer algo juntos algún día, ¿no? —les propone María.

— Muy bien —dice Mariona.

Oriol no dice nada. Demasiadas mujeres para él solo.

4

Ricardo Solá, el médico catalán que vive en el cuarto derecha, sale de su piso para hacer algunas compras por el barrio. Como no le gusta hacer deporte, baja en ascensor. De repente, entre el segundo y tercer piso el ascensor se para.

Ricardo aprieta el botón de la planta baja, pero el ascensor sigue parado. Se ha estropeado. Ricardo da golpes en la puerta. Nadie lo oye. Luego, llama a la portera. La portera tampoco lo oye. No sabe qué hacer. Al final, se sienta en el suelo del ascensor y espera tranquilamente.

«Una reunión de vecinos. Tenemos que hacer una reunión de vecinos para arreglar todo lo que no funciona», piensa Ricardo.

Últimamente hay algunos problemas en la casa: cuando alguien llama a un piso desde el portal, siempre suena en casa de Ricardo; el ascensor se estropea tres o cuatro veces cada mes; hay que pintar la portería...

Miguel Fernández y Luisa Mendoza, el matrimonio que vive en el segundo derecha, llegan al portal con muchas bolsas de plástico llenas de comida. Han ido al mercado que está al otro lado de la plaza y han comprado para toda la semana. Al entrar, algo muy pequeño cae sobre la cabeza de Miguel Fernández.

— Esto es horrible, horrible.

— ¿Qué te pasa ahora? —le pregunta su mujer.

— Alguien me ha tirado algo desde el balcón...

— Eso que dices es una tontería...

— ¿Una tontería? Seguro que es el médico ése, del cuarto...

— ¡Qué manía! Seguro que es algún niño que ha tirado algo...

Miguel Fernández no soporta a Ricardo Solá porque en sus ratos libres toca la batería... Hace casi un año tuvieron problemas (15). Ricardo preparó una habitación para poder tocar sin molestar a los vecinos. Pero el señor Fernández sigue enfadado con él.

Entran en el portal y llaman el ascensor, pero no se oye nada.

—No funciona—dice Doña Luisa—. Siempre igual. El día que vamos al mercado, el ascensor no funciona. ¿Y ahora qué hacemos?

Miguel Fernández da unos golpes en la puerta y grita:

— ¡Ascensor! ¡Ascensor!

Y le dice a su mujer:

—Seguro que algún vecino ha dejado la puerta abierta...

Doña Luisa piensa: «¡Qué marido tengo! ¡Qué horror!».

—Voy a ver qué pasa—le dice su marido subiendo por las escaleras.

Ricardo oye que alguien se acerca. «¡Qué bien!», piensa. Se levanta y mira por la puerta. «¡Oh, no! ¡El pesado del señor Fernández!»

— ¿Qué hace usted aquí? —le pregunta el señor Fernández.

— ¿Usted qué cree? ¿Que estoy bailando flamenco? —contesta, un poco enfadado, Ricardo—. Mire, hace media hora que estoy dentro de este ascensor porque se ha estropeado. Es-tro-pe-a-do. Y usted me pregunta qué hago aquí...

— Voy a buscar a la portera.

Pero la portera no está.

— No está, Luisa. No está. A la una y cuarto de la mañana de un sábado y la portera no está (16).

—Tranquilo, Miguel. A lo mejor ha salido un momento o ha ido al médico... —le dice Doña Luisa.

— Esto es un desastre. Nada funciona. ¡Qué país! Venga, subimos a pie.

Luisa Mendoza y Miguel Fernández cogen sus bolsas y, poco a poco, suben hasta su piso.

Ricardo oye el ruido de una puerta que se abre y que se cierra.

Miguel Fernández se ha olvidado de Ricardo Solá.

5

A las dos de la tarde, Cecilia Blastein, la psicóloga del tercero izquierda, y su marido, Alfredo José Soria, salen de su casa para ir a comer a «Casa Paco», un restaurante que está en la misma Plaza Mayor.

Ricardo oye unos ruidos.

— ¿Hay alguien? —pregunta gritando.

— ¿Vos oíste algo (17), Alfredo? —le pregunta Cecilia a su marido.

— Sí, ¡qué extraño! Mirá, el ascensor está parado entre dos pisos.

— ¿Hay alguieeeeeeeen? —vuelve a preguntar Ricardo.

Cecilia le dice a Ricardo:

— Sí, somos los vecinos del tercero izquierda. ¿Llevás mucho tiempo en el ascensor?

— Una hora y cuarto. He llamado varias veces a la portera, pero no contesta.

— Bajo un momento a buscarla. Enseguida lo arreglamos —le dice.

Alfredo José a Ricardo.

Cecilia, que tiene mucho sentido del humor, le dice a Ricardo.

— No sé si vos sabés que yo soy psicóloga. O sea que podés aprovechar este rato para contarme tus problemas...

— Pues, la verdad, es que, después de este rato encerrado aquí, creo que sí voy a necesitar ayuda psicológica...

Se ríen.

Unos minutos después el ascensor se pone en marcha. Ricardo, por fin, sale del ascensor.

— ¿Venís a comer con nosotros? Creo que es lo mejor que podés hacer...

— Encantado. Pero, antes de comer, os invito a tomar algo fuerte. Un whisky, por ejemplo...

— De acuerdo.

Al salir algo muy pequeño cae sobre la cabeza de Ricardo. «Algún niño que ha tirado algo», piensa.

Unos minutos después llegan Clara y María Muñoz a su casa.

— Es guapísimo. Oriol es guapísimo. Me ha encantado —le dice María a su hermana.

— Sí, no está mal, pero a mí me gustan más los hombres más mayores...

— Como ése que está bajando la escalera, ¿verdad?

— Exacto —contesta Clara—. Hola, José. Estás guapísimo con esa camisa.

«Ella otra vez», piensa horrorizado José. Y, además, se pone colorado como un tomate (18).

—Adiós. Hasta luego (19). Tengo mucha prisa.

José Moyano nunca tiene nada en la nevera y, como muchos días, va a comer a «Casa Paco».

6

A las siete y media de la tarde, Irene y sus sobrinos llegan a casa. Están bastante cansados después de pasear todo el día.

— Voy a ducharme —dice Oriol.

— Y yo voy a deshacer mi maleta —dice Mariona.

Mariona abre su maleta y empieza a poner su ropa en el armario: pantalones vaqueros, pañuelos para ponerse en el cuello, jerseys muy grandes, camisas de cuadros... Y en el fondo de la maleta, la «Tone», una muñeca que Mariona tiene desde hace casi diez años.

Media hora después, Oriol sigue en el cuarto de baño.

Mariona da unos cuantos golpes en la puerta.

— Venga, Oriol, pesado, que yo también quiero ducharme antes de cenar...

— La pesada eres tú —le dice Oriol desde la bañera—...

— ¿Pesada yo? — le dice Mariona.

Oriol y Mariona se quieren muchísimo, pero se pelean contínuamente por cualquier tontería.

— ¿Hago la cena yo? —le pregunta Mariona a Irene.

— ¿Te gusta cocinar?

— Me encanta. Puedo hacer pan con tomate y una tortilla de patatas (20).

— Ah, pues muy bien. Te ayudo a pelar las patatas y preparo una ensalada, ¿vale?

— De acuerdo.

Oriol sale del cuarto de baño. En ese momento suena el timbre. Desde la cocina Irene le dice:

— Oriol, abre tú, que estamos pelando patatas.

Oriol es un poco tímido y, como va en albornoz, le da vergüenza abrir la puerta. Pero la abre.

Allí está María Muñoz:

— ¡Qué guapo estás con ese albornoz!

Oriol se pone coloradísimo.

— Pasa, pasa —le dice a María y se va corriendo a su cuarto. Abre su maleta, se pone unos pantalones vaqueros y una camisa y vuelve a salir. María está en el salón.

— He venido —le dice María— porque quiero estudiar catalán, ¿sabes?, y he pensado que seguro que tú puedes darme información para estudiar en Barcelona...

— Pues no, no tengo ni idea —le contesta tímidamente Oriol—, pero espera que se lo pregunto a mi hermana.

«No, su hermana, no. Yo quiero estar sola con él.», piensa María un poco triste.

Oriol entra en la cocina. «Estoy salvado», piensa y dice:

— Mariona, ha venido María, la chica que hemos conocido esta mañana . Quiere estudiar catalán en Barcelona y no sabe dónde.

Irene piensa: «Es igual de pesada que su hermana». Y Mariona dice:

— Es una excusa. María quiere verte a ti, Oriol, y por eso ha venido.

Oriol sigue coloradísimo.

— Dile —continúa Mariona— que yo no sé dónde

puede estudiar catalán...

— No, por favor, díselo tú...

— Yo tengo que hacer la cena.

— Por favor, Mariona...

Pero Mariona sigue pelando patatas. Oriol vuelve al salón.

— Lo siento, pero mi hermana tampoco lo sabe.

— Bueno, no importa —dice María— ¿Quieres venir mañana a un concierto de Mecano (21)?

— No, es que mañana...

— Toma, te he traído una entrada. Mañana a las ocho de la tarde te vengo a buscar.

María se va y Oriol se queda en medio del salón con una entrada en la mano.

7

José Moyano y su hija Sonia llegan a las diez menos cuarto a casa de Irene.

— Tenemos una cena buenísima que ha preparado Mariona —les cuenta Irene— ¿Habéis comido alguna vez pan con tomate?

— Yo sí y me encanta —dice José, que ha ido mucho a Barcelona.

— Yo no lo he comido nunca.

Irene les presenta a sus sobrinos y empiezan a cenar.

— Humm, este pan está buenísimo —dice Sonia.

— Buenísimo, buenísimo —dice José.

— ¿Está bueno? —pregunta Mariona—. Es que yo no tengo mucho hambre...

Pero se come cuatro rebanadas de pan y dos trozos de tortilla.

Sonia les pregunta a Oriol y Mariona:

— ¿Y vosotros cuántos años tenéis?

— Quince —contestan los dos a la vez.

— ¿Los dos tenéis quince años? —pregunta, sorprendida, Sonia.

— Es que somos mellizos.

— Ah, pues no os parecéis mucho...

— No, no nos parecemos nada. Ni físicamente ni de carácter.

— ¿Y qué hacéis?

— Estudiamos. ¿Y tú?

— Yo, también.

Irene y José aprovechan para hablar:

— He ido a comer a «Casa Paco» y me he encontrado a Ricardo Solá y a la psicóloga...

— Cecilia Blastein...

— Eso, a Cecilia y a su marido, que también estaban comiendo allí. Y hemos comido todos juntos.

— Ah, ¿y qué tal?

— Muy bien. Nos hemos divertido mucho. Son simpatiquísimos. Y también hemos hablado de los problemas de esta escalera...

— ¿Problemas?

— Sí, que hay cosas que no funcionan... El ascensor, por ejemplo... El problema de los timbres que no van bien, hay también un problema con la luz de la escalera... Y hemos decidido organizar una reunión de todos los vecinos para hablar, luego, con el propietario de los pisos.

— Ah, pues me parece muy buena idea. ¿Y cuándo es la reunión?

— El próximo martes a las diez de la noche.

— ¿Y dónde nos vamos a reunir?

— En mi casa o en casa de Ricardo Solá.

— No, José, en tu casa, no, que siempre está muy desordenada...

— Pero el martes viene Maruja...

— Ah, es verdad. No me acordaba.

Maruja es la asistenta. Los martes por la mañana limpia la casa de Irene y, por la tarde, la de José.

— Y es que —continúa José— como Ricardo Solá tiene problemas con el vecino del segundo...

— ¿Con qué vecino?

— No sé cómo se llama... Uno calvo, bajo, con bigote y gafas que siempre está de mal humor...

— Ah, sí. Me parece que se llama Fernández... Miguel Fernández, creo.

— Sí, eso Fernández. Bueno, pues Ricardo Solá tiene problemas con él por el ruido...

— Pero ahora ya no se oye nada...

— No, pero el señor Fernández sigue enfadado con Ricardo y, si hacemos la reunión en casa de Ricardo, no va a venir...

— Pues la hacemos en tu casa.

— Ah, una cosa, Irene. ¿Me dejas tu ordenador para

escribir lo de la reunión y poner una copia en cada buzón? Es que tengo el mío en el despacho.

Oriol ha oído la palabra mágica: «ordenador».

— ¿Ordenador? ¿Tienes juegos de ordenador?—le pregunta a Irene.

— Ni uno.

— ¡Qué rollo!

8

Junichi Murata es un japonés que vive en el cuarto izquierda y que está en Madrid aprendiendo español. Hoy ha pasado el día en Salamanca (22) y, a las once de la noche, llega a casa. Está muy cansado. Sólo tiene ganas de dormir. Se ha levantado a las cinco de la mañana para llegar pronto a Salamanca y tener tiempo de verlo todo.

Cuando abre el portal nota un pequeño golpe en la cabeza, mira hacia arriba, pero no ve a nadie en ningún balcón. Llega al ascensor y ve un cartel que pone: «Estropeado».

«¡Cuatro pisos a pie! ¡Horrible!», piensa. Pero cuando llega al tercero está muy preocupado: «¿Por qué el cartel pone «estropeado» y no pone «se ha estropeado»? ¿Por qué no han puesto bien el Pretérito Perfecto?», se pregunta. Tiene una idea. Se lo va a preguntar a su vecino, Ricardo Solá.

Junichi llama al timbre del cuarto derecha.

— ¿Quién es? —pregunta Ricardo sin abrir la puerta.

— Soy Junichi.

Ricardo abre. Va en albornoz.

— Pasa, pasa.

— No, gracias. Es sólo una pregunta. ¿Por qué abajo, en el ascensor, pone «estropeado»?

— Es que estropeado quiere decir que no funciona, ¿sabes? El ascensor no funciona. Tienen que venir a arreglarlo.

— Sí, eso ya lo entiendo. ¿Pero por qué no pone el Pretérito Perfecto?

— ¿Cómo «el Pretérito Perfecto»? —pregunta Ricardo horrorizado.

— Sí, el Pretérito Perfecto del verbo «estropear»... ¿Por qué no pone «se ha estropeado»?

— Pues no sé, Junichi. Ya sabes que yo soy médico, no lingüista... Pero me parece que es porque está escrito y es más corto, ¿no? Tú lees «estropeado» y ya lo entiendes, ¿no?

«Voy a preguntárselo a mi profesora», piensa Junichi.

«Odio la gramática», piensa Ricardo.

— Oye, una cosa, Junichi. En el tercero derecha vive una profesora de Literatura. Se llama Irene, Irene Vázquez. Algún día te puede ayudar.

— Ah, muy bien. Bueno, pues muchas gracias y perdona, ¿eh?

— Nada, nada, tranquilo.

— Adiós, hasta otro día.

— Hasta otro día.

Ricardo se sienta en su sillón, pone un disco de Ray Charles y piensa en la humanidad. «Locos. Estamos locos. Un vecino que me abandona en el ascensor. Un japonés que me hace preguntas de gramática a las once de la noche... ¡Qué mundo!»

9

El domingo por la mañana Irene, Oriol y Mariona se levantan tarde y van a desayunar chocolate con churros (23) a «La Mallorquina», una cafetería que está en la Puerta del Sol. Después van al Museo del Prado, a ver las Meninas y algunos cuadros de Goya (24) y, hacia la una, van al Rastro (25).

— ¡Cuánta gente! —dice Mariona cuando llegan a la Plaza del Cascorro—. Es increíble. Mira, Irene, allí venden ropa usada. ¿Vamos?

A Mariona le gusta la ropa vieja y usada.

—Está todo baratísimo... Mira esta camisa. Es preciosa, ¿no?

—Sí, está muy bien. Y mira esas faldas. Son iguales que las que llevábamos tu madre y yo cuando estábamos en la universidad...

— Voy a probármelas.

Mientras Mariona se prueba la ropa, Oriol mira a la gente y piensa: «Las chicas de mi edad sólo hablan de chicos y de ropa. Es un rollo.»

— ¿Cuánto vale esta camisa y esta falda? —le pregunta Mariona a la vendedora.

— A ver... La falda mil quinientas y la camisa mil.

— ¿Qué te parece, Irene?

— Muy barato, la verdad.

— Lo que pasa es que yo nunca llevo falda... Me llevo la camisa —le dice Mariona a la vendedora.

— ¿Quieres una bolsa de plástico? —le pregunta la vendedora.

— Sí, por favor.

Pagan y se van.

Deciden comer en las tascas (26) que están cerca de la Plaza Mayor. Van a cuatro sitios diferentes y comen pulpo a la gallega, calamares a la romana, jamón serrano y morcillas. Y todo con mucho pan.

«¡Cómo comen!», piensa Irene.

Durante la comida, Oriol está muy callado. Está nervioso. María va a venir a buscarlo a las ocho para ir al concierto. Y él no quiere ir. Todavía no le ha explicado nada ni a Mariona ni a Irene.

Cuando llegan a casa, después de comer, Oriol dice:

— Irene, tengo un problema.

— ¿Un problema? ¿Qué te pasa? ¿Te encuentras mal? ¿No estás contento en Madrid?

— No, no, me encuentro muy bien y lo estoy pasando super (27) bien... Lo que pasa es que... Lo que pasa es que ayer cuando vino María, la vecina, me dio una entrada para ir a un concierto con ella...

— Ah, pues qué bien, ¿no?

— Es que yo no quiero ir... Yo soy muy tímido, Irene, y me da vergüenza. Y, además, las chicas...

— Las chicas son muy pesadas, ¿no? —dice Mariona entrando al salón.

— Espera un momento, Mariona —le dice Irene—. A ver, Oriol, si no quieres ir, la llamas y le dices que no. Y ya está.

— ¿Pero qué pasa? ¿Dónde tienes que ir? ¿A quién tienes que llamar? —pregunta Mariona.

El Rastro

— Es que ayer María invitó a Oriol a un concierto y él no quiere ir...

— Pero es que me dio la entrada. Ay, por favor, qué lío...

— Ostras (28), Oriol, qué suerte tienes... El primer día que estás en Madrid y una chica ya se ha enamorado de ti —dice Mariona riéndose de él.

— No te rías, ¿eh? No te rías. Tengo un problema y tú te ríes —le contesta Oriol.

— Escucha una cosa, Oriol —le dice Irene—. Llama por teléfono y le dices que no puedes ir, que tienes que cenar conmigo, por ejemplo, o algo así.

— ¿Tú tienes su teléfono?

— No, pero lo podemos mirar en la guía. A ver... Aquí. Muñoz... ¡Cuántos Muñoz! Aquí está: Muñoz Ruiz, Plaza Mayor,1. Es el dos seis tres, cincuenta, setenta.

Oriol marca el número.

— ¿Diga?

— ¿Está María, por favor?

— ¿De parte de quién?

— De Oriol Pedret.

— Pues en este momento no está. ¿Quieres dejarle un recado?

— No, gracias.

Oriol cuelga. Está mucho más nervioso.

En el piso de la familia Muñoz, la tercera de las hijas, Paloma, cuelga el teléfono y le pregunta a su hermana María:

— ¿Lo he hecho bien?

— Muy bien, Paloma. Lo has hecho muy bien. Ahora Oriol piensa que no estoy en casa y no puede decirme que no quiere venir al concierto. Gracias, Paloma.

— De nada. Ha sido muy divertido.

— Uf, son las seis y media. Me voy a arreglar, que a las ocho tengo que subir a buscar a Oriol.

María entra en la ducha y canta «He´s my man» con ritmo de rock.

10

A las siete de la tarde Oriol está peor que el día de un examen.

— Te regalo la entrada, Mariona. A ti te gusta mucho Mecano, ¿no? Y a ti no te importa salir con María. Toma, ten, te la regalo. Un regalo de tu hermanito...

— No, gracias. Prefiero ir al cine con Irene.

— Por favor, Mariona...

— Que no, que no... Y dúchate, Oriol, que tienes que estar muy guapo esta noche...

— ¡Idiota!

Oriol ha decidido no cambiarse de ropa. «Seguro que así no le voy a gustar», piensa. Se sienta en el sofá e intenta ver la tele para tranquilizarse. Por suerte hay un partido de fútbol. A Oriol le encanta el fútbol.

A las ocho en punto de la noche llaman al timbre de casa de Irene.

«¡Socorro!», piensa Oriol.

— ¿Abres tú, Oriol? —le pide Mariona desde su habitación.

— Voy —dice Oriol.

Y en la puerta está María.

— Corre, Oriol, corre, que llegamos tarde.

— Ejem, es que... yo...

— Venga, venga.

De repente, sin saber cómo, Oriol está en el ascensor con María.

Al salir a la calle se encuentran con una señora mayor, muy bajita y delgada, con el pelo muy blanco y con un perro caniche, que entra en el portal. Es Doña Carmela Sagasta, la vecina del segundo izquierda.

— Adiós, guapos —les dice— ¡Qué pareja tan mona!

Se oye:

— Grrrrrr.

Y no es el perro de Doña Carmela. Es Oriol.

Suena el teléfono en casa de Irene.

— Ya lo cojo yo —dice Irene— ¿Diga?

— ¿Irene? Hola, soy Malós.

Malós es la madre de Mariona y Oriol.

— ¿Qué tal estáis?

— Muy bien, Malós. Hemos estado casi todo el día en la calle.

— Sí, lo sé porque os he llamado antes y no estabais. ¿Qué habéis hecho?

— Pues hemos ido al Prado, al Rastro, de tascas... Y ayer estuvimos en el Retiro y paseando por el centro. Lo estamos pasando muy bien, la verdad. Oye, ¡y cómo comen...!

— ¿Has visto? Alimentarlos es carísimo...

Se ríen.

— ¿Quieres hablar con Mariona?

— Sí, si está...

— Sí, un momento. Ahora se pone. Un beso, Malós, y muchos recuerdos a Josep (29).

Irene va a la habitación donde está Mariona escuchando música con su *walkman* :

— Mariona, tu madre está al teléfono.

Mariona va corriendo al teléfono y habla con ella en catalán. Irene entiende catalán y oye que Mariona le cuenta que Oriol ha salido con una chica.

Después de cenar, Mariona se pone su camisa nueva y se va con Irene al cine.

11

El lunes por la mañana Irene se va a trabajar a las ocho y media de la mañana. Mariona se levanta a las diez, se ducha, desayuna y se va a dar una vuelta por la Plaza Mayor. Oriol duerme hasta las doce.

A la una y media, Mariona vuelve a casa.

Al entrar, sale la portera:

— ¿A qué piso vas, guapa?

— Al tercero derecha, a casa de Irene Vázquez.

— Es que Irene no está —le dice la portera.

— Ya lo sé. Pero tengo llave.

— Ah, tú eres su sobrina, ¿verdad? Es verdad, es verdad. Irene me lo dijo el otro día.

«Irene también me dijo que la portera quería saber la

vida de los vecinos», piensa Mariona.

— Muy bien, guapa, muy bien. ¿Y qué? ¿Te gusta Madrid? —le pregunta la portera.

— Sí, muchísimo.

— Pues muy bien, guapa, muy bien.

— Bueno, adiós —le dice Mariona.

— Adiós, adiós.

Mariona entra en el ascensor y piensa «¡Qué pesada!». Antes de cerrar la puerta oye:

— Un momento, por favor.

Es Doña Carmela Sagasta con su perro.

— Adiós, Doña Josefa —le dice a la portera.

— Adiós, Doña Carmela.

Doña Carmela entra en el ascensor.

— ¿A qué piso va? —le pregunta Mariona.

— Al segundo.

Mariona le pregunta a Doña Carmela:

— ¿Es un perro o una perra?

— Es un perro. Se llama Blasillo.

— Me encanta. Yo también tengo dos perros. Bueno, un perro, que se llama Morgan, y una perra, que se llama Quica...

— ¿Y los tienes aquí? ¿En esta escalera?

— No, no, están en Barcelona.

— Ah, ¿tú vives en Barcelona?

— Sí. Es que estoy pasando unos días aquí en casa de mi tía Irene...

— Ah, ¿la chica que vive en el tercero?

— Exacto.

— Es muy maja, Irene, muy maja. Y tiene un novio

guapísimo...

«Ésta también sabe toda la vida de los vecinos...», piensa Mariona.

— Bueno, guapa, adiós y hasta otro día.

— Adiós. Adiós, Blasillo.

Mariona sube un piso más en el ascensor, entra en casa y oye que Oriol está cantando «Hoy no me quiero levantar», una canción de Mecano...

— ¡Qué contento estás! —le dice Mariona.

— Ah, hola. ¿Qué tal?

— ¿Y tú qué tal ayer? Venga, cuenta, cuenta.

— Bien.

— ¿Te gustó el concierto?

— Sí, no estuvo mal...

— ¿Y María?

— Bien.

Mariona lo conoce muy bien. Por eso le dice:

— O sea que, al final, María te gusta.

— ¿A mí?

— Sí, a ti.

— No, no... —dice Oriol muy colorado.

— Seguro que te gusta. Lo sé.

— ¡Qué pesada! ¿Comemos algo?

— Vale. ¿Por qué no nos vamos a comer una pizza?

— De acuerdo. ¿A qué hora vuelve Irene?

— No sé, a las siete o siete y media, me parece. Si quieres, después de comer podemos ir a dar una vuelta o algo así...

— Es que... Es que no puedo —le dice Oriol.

— ¿No puedes? ¿Por qué?

Oriol está más colorado todavía.

— Porque he quedado.

— ¿Has quedado? ¿Has quedado con María? ¡Ostras, tío! (30), tú estás enamorado... ¡Qué risa! Oriol enamorado de una madrileña.

— ¡Qué pesada eres! ¿Vamos a comer?

Y se van a buscar una pizzería.

12

A las seis de la tarde Don Miguel Fernández vuelve de trabajar. Al entrar en el portal le cae algo en la cabeza.

— Huy —dice poniéndose la mano en la frente.

— ¿Le pasa algo, Don Miguel? —le pregunta Doña Josefa.

— Me ha caído algo en la cabeza...

— A ver.... Tiene un poco de sangre, pero no es nada... ¿Y qué le ha caído?

— No sé, una piedra o algo así... Seguro que es el médico ése...

— ¿Quién? ¿El doctor Ricardo Solá? Pero si está en el hospital trabajando...Y, además, un médico no tira piedras desde el balcón...

— Doña Josefa, el mundo está muy mal, muy mal.

«Usted está muy mal», piensa Doña Josefa.

Doña Josefa sale a la calle y ve una piedra no muy grande al lado del portal. «¡Qué raro!», piensa.

A las siete María Muñoz y Oriol salen del ascensor. Doña Josefa le dice a María:

—Caramba (31), María, ¿y éste chico tan guapo quién es?

— Es el sobrino de Irene Vázquez.

— Ah, esta mañana he conocido a tu hermana. Sois los dos muy guapos, guapísimos. ¿Y qué? ¿Os vais a pasear?

— Sí, vamos a tomar algo —le contesta María—. Bueno, Doña Josefa, hasta luego.

A las ocho menos cuarto llegan Irene y José Moyano, que vienen del gimnasio. Los lunes, miércoles y viernes van al gimnasio juntos al salir del trabajo.

— ¿Qué? ¿Han hecho mucha gimnasia?

— Uf, hoy nos hemos cansado mucho, la verdad —le contesta Irene.

— He conocido a sus sobrinos... Son guapísimos.

— Sí, son muy majos. Bueno, Doña Josefa, hasta luego.

— Hasta luego.

Cuando ya están en el ascensor, José le dice a Irene:

— Doña Josefa es pesadísima.

— Es un poco pesada, sí, pero es muy buena persona...

De repente, el ascensor se para entre el segundo y el tercer piso.

— Se ha parado —dice José.

— ¿Y ahora qué hacemos?

José da unos golpes en la puerta. Irene llama gritando a la portera.

Doña Josefa sube por la escalera.

— ¿Qué pasa, Irene?

— El ascensor. Se ha parado el ascensor.

— Ay, Dios mío. Otra vez. Ahora mismo lo arreglo. Esperen un momentito.

— ¿Cenamos juntos esta noche? —le pregunta José a Irene mientras se sientan en el suelo del ascensor.

— Encantada.

— Podemos ir a «Casa Paco», ¿no? Es lo más fácil.

— Muy bien. Cenamos tranquilamente y nos acostamos pronto, que mañana será un largo día...

— ¿Por qué?

— ¿No te acuerdas de la reunión?

— Ah, es verdad, no me acordaba. Será una reunión pesada, ¿verdad?

— No sé. Depende...

El ascensor funciona de nuevo.

— Estoy contento —dice José—. He estado media hora más contigo y, además, a solas...

Cuando Irene llega a casa, Mariona está escuchando música rock.

— ¿Y Oriol? —le pregunta Irene.

— ¿Sabes con quién ha salido?

— No.

— ¿Y no te lo imaginas? —le pregunta Mariona riéndose.

— ¿Con María Muñoz?

— Exacto. ¡Con María Muñoz!

— ¿Pero no es muy tímido?

— Creo que se ha enamorado.

— ¿Tú crees?

— Yo creo que sí, que está enamoradísimo.

— ¿Y sabes dónde han ido?

— No, no me lo ha dicho.

Suena el timbre. Mariona va a abrir. En la puerta hay un japonés.

— Hola, soy Junichi Murata y vivo en cuarto izquierda.

«Habla como en los libros de idiomas», piensa Mariona.

— He venido —continúa Junichi— porque tengo un problema...

Junichi cree que Mariona es Irene.

— ¿Por qué aquí pone «martes» y no «el martes»?

Junichi le enseña el papel que ha recibido para la reunión. Mariona lo lee:

Reunión de vecinos:

Día: Martes, 24 a las 21 h.
Lugar: 5º derecha
Orden del día:

- Ascensor
- Reparaciones: timbres, luz de la escalera...
- Arreglos exteriores del edificio.
- Ruegos y preguntas.

Firmado: Ricardo Solá
Cecilia Blastein
José Moyano

A Mariona no le gusta nada la gramática. Además, no entiende nada: un japonés que llama para preguntar esas cosas...

— Pues no sé —le contesta Mariona—. Es que yo soy de Barcelona y estudio más catalán que español...

— Ah, ¿tú eres de Barcelona? ¿Y puedes venir un momento a mi casa? Es que tengo un vídeo de Barcelona que está en catalán y necesito la traducción...

— Bueno, no sé, es que... —dice Mariona un poco sorprendida.

— Es un vídeo muy corto. Diez minutos. Sólo dura diez minutos.

— Espera un momento, que se lo digo a mi tía.

Mariona entra en el salón.

— Irene, hay un japonés en la puerta... Junichi, me parece que se llama...

— Ah, sí, el del cuarto izquierda.

— Necesita una traducción del catalán y voy a subir un momento.

— De acuerdo.

— Dentro de unos veinte minutos bajo, ¿vale?

— Muy bien. Y nos vamos a cenar a «Casa Paco» con José.

— Vale.

Mariona sube por la escalera. En el cuarto está Doña Josefa, la portera, recogiendo las bolsas de basura.

— Adiós, señor «Chuchichi» —le dice a Junichi.

Junichi se ríe. Nunca va a aprender su nombre.

Entran en la casa de Junichi.

Es el típico piso de estudiantes: sucio, desordenado, lleno de libros y de papeles por todas partes... En el salón hay una mesa grande y allí está estudiando un chico moreno y delgado.

— Hola —le dice Mariona.

— Hola —le dice el chico levantándose para saludarla— Soy Juan Antonio.

— Y yo, Mariona.

Mariona acaba de conocer al hombre de su vida.

13

— ¿Van a tomar el menú? —les pregunta el camarero de «Casa Paco».

— ¿Qué tenéis hoy?

— De primero, judías verdes con patatas o macarrones y de segundo, pollo a la plancha o merluza rebozada.

— Sí, yo voy a tomar menú. De primero, judías y de segundo, merluza —dice Irene.

— Para mí, unos macarrones y merluza —dice José.

— Y yo quiero macarrones y de segundo... ¿Lleva patatas fritas el pollo? —le pregunta Mariona al camarero.

— Sí.

— Pues de segundo pollo con patatas fritas.

— ¿Para beber?

— Agua mineral sin gas y del tiempo, por favor.

— ¿Grande?

— Sí, por favor. Y vino tinto de la casa.

— Y una coca-cola.

Cuando se va el camarero, Irene le pregunta a Mariona:

— ¿Qué tal con el japonés?

— Muy bien. Ha sido muy divertido. Y, además, he conocido a su compañero de piso. Es muy simpático...

— Ah, qué bien...

— Y hemos quedado para salir mañana.

— Al final Oriol y tú os vais a quedar a vivir en Madrid —dice José en broma.

«Es una buena idea», piensa Mariona.

— ¿Oriol se ha llevado las llaves de casa? —pregunta Irene a Mariona.

— Me parece que no.

— Seguro que llegará pronto.

— Eso espero.

Cenan tranquilamente y, a eso de las once y media, se van.

— La cuenta, por favor —dice José al camarero.

— No, José, pago yo —le dice Irene.

— No, ni hablar. Os invito yo.

Paga y suben a sus pisos.

Cuando Irene y Mariona entran en su casa oyen que Oriol está en su dormitorio. Abren la puerta y lo encuentran bailando y cantando.

— Estás muy contento, ¿no? —le dice Irene riéndose.

— Ah, hola. Sois vosotras...

— Claro que somos nosotras... ¿Cómo has entrado?

— Me he llevado la llave.

— Ah, es que Mariona pensaba que no.

— Bueno, Oriol y ¿qué tal lo has pasado con tu amiga madrileña...? —le pregunta Mariona.

— Menos bromas, Mariona.

— ¿Menos bromas? Es la primera vez que te gusta de verdad una chica.

— María no me gusta. Somos simplemente amigos.

— Como en las revistas del corazón —le dice Irene riéndose—. Bueno, ¿y qué habéis hecho?

— Hemos ido a tomar unas copas y a pasear...

— ¿Y por dónde habéis ido? ¿Por aquí por el centro o por dónde?

— Pues no lo sé, la verdad —dice Oriol.

— Es que sólo la ha mirado a ella... —dice Mariona riéndose.

— ¿Quieres cenar algo, Oriol?

— No, gracias. No tengo hambre.

— ¿No tienes hambre? —dicen, extrañadas Mariona e Irene a la vez.

— Pero si tú siempre tienes hambre...

— Pero ahora no —contesta Oriol.

— Es el amor —dice Mariona.

— Bueno —dice Irene—, vamos a hacer planes para mañana, ¿vale? Por la mañana llega Maruja, la asistenta. Llega a las nueve o nueve y cuarto y se va hacia las dos... Yo voy a estar todo el día trabajando, pero pienso llegar a las seis o seis y media. Y por la noche tenemos la reunión de vecinos... O sea, que vais a estar solos todo el día.

— No importa —dice Mariona—. Yo por la mañana pienso dormir y luego voy a salir con el chico ése.

— ¿Con qué chico? —pregunta Oriol.

— Ah, un chico que he conocido hoy...

— No te puedo dejar sola.

— Ni yo a ti —le contesta Mariona.

— ¿Y tú Oriol? ¿Qué vas a hacer?

— Pues, ejem (32), yo también he quedado por la tarde...

— Está bien. Veo que no me necesitáis. Me voy a dormir. Buenas noches y que durmáis bien.

— Gracias, igualmente.

— Hasta mañana.

Irene entra en su dormitorio y Mariona y Oriol se sientan en el sofá y ponen la tele.

— ¡Cómo me duele aquí! —dice Oriol.

— ¿Dónde? —le pregunta Mariona.

— Aquí, en la cabeza... Es que antes, al entrar en el portal, me ha caído algo en la cabeza...

— A ver... Está un poco colorado, pero no es nada...

14

El martes todos los vecinos de Plaza Mayor,1 hablan de la reunión.

A las ocho y media de la mañana Don Miguel Fernández sale del ascensor.

— Buenos días, Don Miguel —le dice Doña Josefa.

— ¿Buenos días? Hoy es un día horrible.

— ¿Pero por qué Don Miguel? Hace un día estupendo...

— Pero tenemos esa maldita reunión... ¡Una reunión a

las diez de la noche! Y, ¿para qué? Para nada. Las reuniones no sirven para nada.

— Hombre, así pueden discutir todos juntos los problemas de los vecinos y arreglar las cosas —le dice Doña Josefa.

— Nada, las reuniones no sirven. Y, encima, a las diez de la noche...

«Este hombre cada día está de peor humor», piensa la portera.

Unos minutos después baja Irene.

— Buenos días, Josefa.

— Buenos días, señorita Irene. ¿Se va a trabajar?

— Sí, me voy corriendo, que llego tarde.

— Nos veremos esta noche en la reunión.

— Estupendo. Hasta luego, Josefa.

— Adiós.

Por la escalera baja José Moyano.

— Hola, Josefa. Buenos días. Hoy viene Maruja a limpiar. Dígale, por favor, que hay una reunión en casa y que tiene que limpiarla muy bien y recogerlo todo. ¿De acuerdo?

— Yo se lo digo. No se preocupe. El señor Fernández está enfadadísimo por la reunión.

— ¿Enfadadísimo? ¿Por qué?

— Porque dice que es muy tarde y que las reuniones no sirven para nada...

— ¡Qué tío! (33) Bueno, Doña Josefa, hasta luego.

— ¿Y a mí no me dices «adiós»?

Es Clara Muñoz, que se va a clase. José piensa: «Otra vez esta niña», pero le dice:

— Adiós, Clara.

— Adiós, José —le dice Clara— ¿Nos veremos en la reunión?

— ¿En la reunión? ¿Tú vas a ir a la reunión? Las niñas no...

— No, no voy a ir a la reunión. Voy a estudiar con tu hija en tu piso.

«¡Dios mío!», piensa José y se va.

A las diez de la mañana baja Doña Carmela Sagasta.

— Hola, Doña Josefa, ¿qué tal está usted?

— Bien, muy bien. ¿Y usted?

— Muy bien. Voy deprisa porque me voy a la peluquería, que esta noche hay reunión y quiero estar guapa.

— Usted siempre está guapa.

— No, Doña Josefa, no. A mis años... Bueno, Doña Josefa, hasta luego.

— Hasta luego, Doña Carmela.

Luisa Mendoza, la mujer de Miguel Fernández, va al mercado a las doce del mediodía.

— ¿Qué tal, Doña Josefa?

— Pues ya ve. Aquí limpiando el portal.

— ¿Piensa ir a la reunión de esta noche?

— Pues, sí. ¿Y usted?

— Yo también, pero no sé si voy a poder...

— ¿Por qué? ¿Tiene cosas que hacer?

— No. Es por mi marido... Dice que a las reuniones tienen que ir los hombres. Sólo los hombres. Es un machista.

La portera no dice nada, pero está de acuerdo con Doña Luisa Mendoza.

A las doce del mediodía Oriol y Mariona se despiertan. Les gusta dormir. Se duchan, desayunan y salen a dar un paseo.

Han decidido ir a comprarle un regalo a Irene al Corte Inglés (34). Al salir se encuentran a la madre de María y Clara Muñoz que está hablando con la portera.

— Hoy tenemos que cenar pronto porque mi marido y yo vamos, luego, a la reunión...

— Adiós, hasta luego —dicen Oriol y Mariona.

— Adiós, guapos—les dice la portera—. ¿Ha visto qué majos? Son los sobrinos de Irene Vázquez, la profesora de literatura que vive en el tercero...

— Ah, ¿ése es el chico que sale con María estos días? —le pregunta la señora Muñoz.

— Creo que sí. Yo ayer los vi juntos...

— Es guapo, ¿no? Y tan alto... No está mal.

A las seis de la tarde llega Ricardo Solá.

— Hola, Doña Josefa, ¿qué tal está?

— Ay, Don Ricardo, tengo un dolor aquí, en la espalda...

— ¿Le duele mucho?

— Hombre, me duele bastante. Sobre todo por las tardes...

— Eso es de trabajar, Dona Josefa. Pero si se encuentra mal, me llama...

— Ay, pero qué majo es usted... Y esta noche mucho cuidado con el señor Fernández, ¿eh?, que me parece que le tiene a usted mucha manía...

— Nada, no hay problema. Esta vez no vamos a hablar del ruido que hago con la batería y los teclados.

— Eso espero, Don Ricardo.

De repente se oye:

— ¡¡Ay!!

Es Sonia, la hija de José Moyano.

— ¿Qué te pasa? —le pregunta Ricardo.

— No sé. Me ha caído algo en la cabeza.

— A ver... No, no tienes nada.

— El otro día —dice la portera— le pasó lo mismo al señor Fernández...

— ¿Estás bien ya? —le pregunta Ricardo a Sonia.

— Sí, ya está. Gracias.

Del ascensor salen Mariona y Juan Antonio.

— Hola, Mariona, ¿qué tal? —le dice Sonia.

— Muy bien. Estoy encantada. Madrid me gusta muchísimo y lo estoy pasando muy bien.

— Me alegro. Bueno, ya nos veremos.

— Hasta luego.

Antes de entrar en el ascensor Ricardo le pregunta a Sonia:

— ¿Ésta es otra hija de los Muñoz?

Pero le contesta la portera.

— No, ésta es catalana. Como usted. De Barcelona. Es la sobrina de Irene Vázquez, ¿sabe? La profesora de literatura que vive en el tercero derecha. Y está aquí pasando unos días. Y él es un chico muy simpático que vive en el cuarto izquierda...

— Gracias por la información, Doña Josefa.

En el ascensor Ricardo le dice a Sonia:

— Doña Josefa parece de la C.I.A.

— Es verdad.

Poco a poco llegan todos los vecinos. Falta muy poco para la reunión de vecinos de Plaza Mayor, 1.

15

Al llegar a casa, José Moyano ha puesto todas las sillas que tiene en casa en el salón. José mira el reloj. Son las diez menos cuarto. Tiene tiempo de comer un bocadillo en la cocina.

Un poco antes de las diez empiezan a llegar los vecinos. Ricardo Solá, Cecilia Blastein y su marido son los primeros. Luego llega Irene. A las diez en punto llega el señor Fernández con su mujer y unos minutos después llegan Doña Carmela Sagasta y el matrimonio Muñoz. Los últimos son Junichi Murata y Doña Josefa.

— Bueno —dice José—, ya podemos empezar. Hay unos cuantos problemas que tenemos que discutir entre todos...

«¡Qué guapo es y qué bien habla», piensa Doña Carmela Sagasta de José Moyano.

La reunión es muy tranquila. Deciden pedir un presupuesto para cambiar el ascensor y para cambiar la iluminación de la escalera.

— Pero si es muy caro yo no pienso pagar —dice Don Miguel Fernández—. No pienso pagar ni un duro.

— Calla, Miguel —le dice en voz baja su mujer.

Deciden, también, llamar a un electricista para arreglar el problema de los timbres.

— Es que todos suenan en mi piso —explica Ricardo Solá—. Todos.

— Usted —le dice muy enfadado Don Miguel Fernández— no puede decir nada... Usted, que molesta a todos los vecinos con su música...

— Molestaba, señor Fernández. Ahora he insonorizado el salón.

— A ver, señor Fernández, el problema de los timbres se tiene que arreglar, ¿no es cierto? —dice Cecilia Blastein— O sea, que un electricista examinará los timbres y arreglará el problema y lo pagaremos entre todos... ¿De acuerdo?

«En lugar de su mujer el que tiene que venir a seguir tratamiento psicológico es él», piensa Cecilia del señor Fernández.

Pero los problemas empiezan con la reforma del exterior del edificio.

— Yo estoy en contra de la reforma del exterior —dice el señor Fernández.

— Es demasiado cara —dice el señor Muñoz.

— Sí, y el edificio está bastante bien todavía —dice su mujer.

— Yo es que estoy jubilada y no tengo dinero para este tipo de gastos —comenta Doña Carmela.

— No es necesario arreglar el exterior, me parece a mí —dice Alfredo José, el marido de Cecilia Blastein.

— Además, dentro de unos años el Ayuntamiento arreglará todos estos edificios —comenta Doña Luisa Mendoza, la mujer del señor Fernández.

Hablan y hablan y, al final, deciden no hacer ninguna reforma del exterior.

— ¿Algún tema más? —pregunta José Moyano.

— Sí —dice el señor Fernández—. Hay un vecino que molesta a los demás con su música...

— Señor Fernández —dice Ricardo— ese tema ya está

terminado. Usted protestó porque yo hacía ruido y yo insonoricé mi casa. Ya no hay más que hablar.

— Pobre chico —le dice Doña Carmela a la señora Muñoz—. Este Don Miguel es un pesado.

— Está bien —dice el señor Fernández—. Y también quiero decir que no me gustan los estudiantes del cuarto piso.

— Señor «Chuchichi» —le dice, en voz baja, la portera a Junichi—, cuidado con ese hombre.

— ¿Y por qué? —le pregunta el señor Muñoz.

— Los jóvenes son irresponsables, muy irresponsables. Y no me gusta tener gente joven en mi escalera.

— No estoy de acuerdo con usted, señor Fernández —le dice el señor Muñoz—. Hace ya mucho tiempo que estos estudiantes viven aquí y nunca hemos tenido ningún problema con ellos...

— Es verdad —dice Irene—. Nunca hemos tenido ningún problema.

Yo sólo lo aviso —dice el señor Fernández—. Si algún día hay algún problema, yo ya lo he avisado.

A las doce de la noche termina la reunión.

16

El jueves por la mañana Irene está desayunando en la cocina y, de repente, oye un ruido terrible. Es como un terremoto. «Una bomba», piensa.

Mira por el balcón. La gente corre por la Plaza Mayor hacia la puerta de su casa. Irene despierta a Oriol y a Mariona.

— Rápido. Hay que salir de aquí.

Se visten y bajan al portal. La portera está muy nerviosa.

— Se..., se..., se ha caído el balcón del segundo derecha. Se ha caído de repente. He abierto el portal y he oído un ruido horrible. Y se ha caído...

— ¿Se ha hecho daño?

— No, no, no me ha pasado nada. Ni a mí ni a nadie.

— ¡Qué suerte!

— Ay, Dios mío, qué nervios...

— Tranquila, Josefa —le dice Irene—. Ya ha pasado todo.

Irene mira a Oriol y Mariona y ve que Oriol está muy pálido.

— ¿Qué te pasa, Oriol?

— Es que..., es que... es que, entonces, la piedra que me cayó el otro día en la cabeza era un trozo de balcón...

— Ah, claro. Era eso. Pues tuviste suerte...

— Sí, mucha suerte.

Los vecinos van bajando asustados por el ruido.

Un rato después llegan los bomberos.

Ricardo Solá empieza a reírse.

— ¿Qué te pasa, Ricardo? —le pregunta Irene.

— El balcón que se ha caído es del segundo derecha, ¿verdad?

— Sí.

— O sea que es... que es... el del señor Fernández. Seguro que dice que lo he hecho yo...

Irene también se ríe.

— Ahora sí que tenemos que hacer una nueva reunión de

vecinos.

— Con un único tema... —dice Ricardo.

— El arreglo del exterior del edificio —dice el señor Fernández saliendo del ascensor.

NOTAS EXPLICATIVAS

(1) **Barajas** es el nombre del aeropuerto de Madrid. Está a 16 kilómetros del centro, en la carretera de Barcelona.

(2) Son dos nombres catalanes.

(3) En Barcelona, como en el resto de Cataluña, se habla catalán. El español también se utiliza y casi todo el mundo lo habla. Muchos jóvenes han estudiado en escuelas catalanas, hablan catalán con su familia y amigos y tienen pocas oportunidades de hablar español. Los catalanes tienen un acento característico cuando hablan español.

(4) A las mujeres que trabajan en lugares como el aeropuerto, la telefó nica, correos, etc., se les da el tratamiento de **señorita**.

(5) **Iberia** es el nombre de la compañía aérea más importante de España.

(6) La Plaza Mayor de Madrid se construyó entre 1617 y 1619 y, como en casi todos los pueblos y ciudades, es el núcleo del centro antiguo de la ciudad. La Puerta del Sol, a unos metros de la Plaza Mayor, es, geográficamente, el centro de España y allí está situado el kilómetro 0 de las carreteras españolas.

(7) Se llaman **revistas del corazón** las que explican la vida íntima y social de reinas, princesas y famosas. En España, y en la mayor parte de los países de habla española, hay una gran oferta de estas revistas. Las más conocidas son: «Hola», «Diez Minutos» y «Lecturas».

(8) La **calle de Alcalá** es una de las más largas y famosas de Madrid.

(9) La **Puerta de Alcalá** es un arco construido en el siglo XVIII que se ha convertido en uno de los símbolos de Madrid. Está en la calle Alcalá, al lado de una de las entradas del Parque del Retiro.

(10) En el Retiro hay un pequeño lago artificial donde hay pequeñas barcas de remo que se pueden alquilar.

(11) A veces los españoles toman, un poco antes de la comida, alguna bebida acompañada de algo de comer como, por ejemplo, aceitunas, patatas fritas, etc. Es el **aperitivo**.

(12) Con motivo de las Olimpíadas de 1992, en Barcelona se construyó un nuevo barrio junto al mar que se llama la «Villa Olímpica», porque es donde se alojaron los atletas. Junto al nuevo barrio se construyó un puerto para embarcaciones de recreo.

(13) Con la expresión **Ya está bien** Irene indica que la diferencia entre el precio y el dinero que le ha dado es la propina.

(14) Ésta es la tercera novela de la serie «Plaza Mayor, 1». El enamora miento de Clara empieza en *El vecino del quinto* y en *El cartero no siempre llama dos veces.*

(15) Ver *El cartero no siempre llama dos veces.*

(16) El horario de los porteros en Madrid normalmente es de 8 ó 8,30 de la mañana a 2 de la tarde y de 5 de la tarde a 9 ó 9,30 de la noche. Los domingos no trabajan.

(17) Los argentinos no utilizan el **tú**, sino el **vos**, utilizan el Indefinido en lugar del Pretérito Perfecto y conjugan las segundas personas de los verbos de un modo característico: mirá, llevás, sabés, podés, venís, ...

(18) **Colorado/a como un tomate** es una frase hecha para indicar que una persona siente vergüenza.

(19) En Madrid es muy frecuente despedirse con la expresión **Hasta luego** aunque no se espere volver a ver a esa persona.

(20) Es un plato típico catalán. En el resto de España no se come nunca. Se unta tomate sobre la miga del pan, se echa sal y aceite y se come con jamón, chorizo, tortilla, etc. La tortilla de patatas se llama también «tortilla española» y está hecha con cebolla, patatas y huevos.

(21) Grupo español de música muy conocido fuera y dentro de España.

(22) Salamanca, situada al Norte de Madrid, es una ciudad famosa por su Universidad y por sus monumentos. Tiene iglesias románicas, edifi cios góticos, renacentistas y barrocos. Destacan la Catedral vieja, la Catedral nueva, la Plaza Mayor, la Universidad y la «Casa de las Conchas». Es la capital de la provincia del mismo nombre, que pertenece a la Comunidad Autónoma de Castilla-León.

(23) Los churros son una masa de harina frita en aceite, de forma semejante a la letra o. Se consumen mucho en Madrid en el desayuno. Pueden tomarse con café con leche o con chocolate caliente.

(24) El Prado es uno de los museos de pintura más importantes del mundo. Las Meninas es uno de los cuadros más conocidos de Velázquez (1599-1660). Goya (1746-1828) es otro de los genios de la pintura española.

(25) El Rastro es un mercado de objetos y ropa de ocasión, y de antigüedades. Está situado en el centro de Madrid, en la calle Ribera de Curtidores, conocida popularmente como «el Cascorro». Los domingos por la mañana es el día de mayor actividad.

(26) Las **tascas** son una especie de bares en los que se come, de pie, raciones de diversas comidas tales como las citadas en el texto. A estas pequeñas raciones de comida se les llama **tapas**: una tapa de calamares, una de jamón, una de pulpo, etc.

(27) Últimamente está de moda entre los jóvenes utilizar **super** en lugar de **muy**.

(28) Expresión coloquial que se utiliza para expresar sorpresa, alegría, decepción...

(29) *Josep* es José en catalán.

(30) **Tío/a** es una manera vulgar de referirse a un hombre o a una mujer.

(31) **Caramba** es una expresión que se utiliza para indicar sorpresa, en este caso agradable.

(32) **Ejem** es la onomatopeya de la tos en español.

(33) **Tío/a** aquí tiene un cierto valor despectivo.

(34) **El Corte Inglés** es el nombre de una cadena de grandes almacenes.

¿LO HAS ENTENDIDO BIEN?

1.

1. Contesta a estas preguntas:

¿Por qué va Irene Vázquez al aeropuerto?
¿Quién llega?
¿Para qué van a Madrid?
¿Qué problema tiene Irene en el aeropuerto?
¿Les ha gustado el viaje?

2. En este capítulo hay léxico relacionado con el viaje en avión. Escribe el que recuerdas y, luego, relee el capítulo para ver si te has dejado algo.

2

Completa con las informaciones que faltan:

Irene vive ________________. La Plaza Mayor ________________.
En el edificio de Plaza Mayor, 1 viven unos____________________,
____________________ catalán, una señora____________________
simpatiquísima, __________________ argentina, ________________
con cinco hijas, ____________________muy guapo y su hija y una
portera______________________.

3

1. Contesta a estas preguntas

¿Qué lugares de Madrid van a ver Irene, Mariona y Oriol?
____

¿Qué toman de aperitivo?

____

¿Cuánto cuesta el aperitivo? (Escríbelo en cifras)

____

¿Qué es El Retiro?

____

¿A quién se encuentran en El Retiro?

____

¿En Barcelona hay un parque como ése?

____

¿Qué suelen hacer Oriol y Mariona los domingos en Barcelona?

____

¿Oriol y Mariona son sobrinos de Irene?

____

4

1. Di todo lo que sabes de Ricardo Solá:

origen : ______________________________
profesión : ______________________________
domicilio : ______________________________
gustos : ______________________________
problemas : ______________________________

2. ¿Qué le pasa a Ricardo Solá en este capítulo?

3. Di todo lo que sepas de Miguel Fernández:

domicilio : ______________________________

estado civil : ______________________________

gustos : ______________________________

problemas : ______________________________

4. ¿Qué le pasa a Miguel Fernández en este capítulo?

5

Di si es verdad o mentira:

	V	M
Cecilia Blastein y su marido son argentinos.	☐	☐
Cecilia Blastein es psicóloga.	☐	☐
Ricardo Solá les ayuda a salir del ascensor.	☐	☐
Ricardo, Cecilia y su marido se van a comer a «Casa Paco».	☐	☐
A María Muñoz no le ha gustado mucho Oriol.	☐	☐
Clara se encuentra con José Moyano en la escalera.	☐	☐
José está muy amable con ella.	☐	☐

6

Contesta estas preguntas:

¿Qué ropa lleva Mariona en la maleta?

____

¿Qué preparan para cenar?

____

¿Quién llega a casa de Irene?

¿Cómo va vestido Oriol cuando abre la puerta?

¿Cómo se viste luego?

¿Crees que María necesita esa información o es una excusa?

¿Qué le propone María a Oriol?

¿Cómo es Oriol de carácter?

7

1.Completa estas fichas con todos los datos que tienes desde el principio de la novela:

Mariona:

domicilio: edad: profesión: carácter: gustos: relación con Irene: relación con Oriol: lengua materna:

Oriol:

domicilio: edad: profesión: carácter: gustos: relación con Irene: relación con Mariona: lengua materna:

2.Completa el texto:

_____________ deciden _________________ una reunión de vecinos porque los timbres ________, el ascensor ________________ y hay un problema _______________.

La reunión es _______________, en _______________. No es en casa de Ricardo Solá porque tiene ________________________ con un señor _________________________, bajo, _______________, que siempre _______________.

8

Di si es verdad o mentira	**V**	**M**
Últimamente a algunas personas, al entrar al portal, les ha caído algo.	☐	☐
Junichi Murata está aprendiendo español.	☐	☐
Junichi nunca pregunta cosas de gramática a los vecinos.	☐	☐
Junichi ha pasado el día fuera de Madrid.	☐	☐
Irene Vázquez es profesora de Matemáticas.	☐	☐

9

Marca con una cruz la información correcta:

Oriol, Mariona e Irene desayunan:
- ☐ chocolate
- ☐ café con leche y croissants
- ☐ chocolate con churros

En el Museo del Prado ven cuadros de:
- ☐ Picasso
- ☐ Velázquez
- ☐ Velázquez y Goya

En el Rastro, Mariona se compra:
- ☐ una falda
- ☐ una camisa
- ☐ una camisa y una falda

¿Cuánto le cuesta lo que se compra?
- ☐ 1.500 pesetas.
- ☐ 2.500 pesetas.
- ☐ 1.000 pesetas.

Comen en:
- ☐ una cafetería
- ☐ un restaurante
- ☐ unas tascas

Toman:
- ☐ ensalada y calamares
- ☐ arroz y pulpo
- ☐ calamares, pulpo, jamón y morcillas

Oriol está...

☐ preocupado porque tiene que ir al concierto de Mecano con María.

☐ contento porque tiene que ir al concierto de Mecano con María.

Oriol llama a María pero...

☐ la hermana de María le dice que no está

☐ María no está

10

¿Se puede resumir así el capítulo?

Oriol intenta no ir al concierto y quiere regalarle la entrada a Mariona, pero Mariona prefiere ir al cine con Irene. Finalmente Oriol va al concierto con María.

11

1. Di todo lo que sabes de Doña Carmela Sagasta:

edad: ______________________

físico: ______________________

domicilio : ______________________

otros: ______________________

2. ¿Crees que Oriol lo pasó bien en el concierto? ¿Por qué?

12

1. ¿Qué pasa...?

- a las seis de la tarde:________________________________
- a las siete:______________________________________
- a las ocho menos cuarto: _____________________________

2. ¿Por qué llama Junichi al piso de Irene?

____

3. ¿Por qué sube Mariona al piso de Junichi?

____

13.

1. Escribe el menú que hay en «Casa Paco»

2. ¿Qué toman para beber?

3. ¿Qué planes tienen Irene, Mariona y Oriol para el día siguiente?

14

Une con una flecha:

• El señor Fernández está enfadado porque	• quiere estar guapa
• Irene se va corriendo a trabajar porque	• su marido no quiere
• José Moyano quiere tener la casa limpia porque	• hay una reunión de vecinos
• Carmela Sagasta va a la peluquería porque	• Miguel Fernández está enfadado con él
• Luisa Mendoza no sabe si va la reunión porque	• la reunión es en su a casa
• Ricardo Solá tiene que tener cuidado porque	• llega tarde

15 y 16

1. ¿Crees que la reunión puede resumirse así...?

Todos los vecinos están de acuerdo en arreglar los timbres, el ascensor y la luz de la escalera, pero no se ponen de acuerdo en arreglar el exterior del edificio. Sólo hay algún problema con Miguel Fernández.

Si no estás de acuerdo, haz tú un resumen.

Si estás de acuerdo, pero crees que falta algo importante, añádelo.

2. ¿Crees que van a tener que arreglar el exterior del edificio? ¿Por qué?

LECTURAS

Venga a leer

Nivel 0

Serie "Lola Lago, detective"
- *Vacaciones al sol,* 48 págs. ISBN 84-87099-71-8

Serie "Plaza Mayor, 1"
- *Los reyes magos,* 48 págs. ISBN 84-87099-70-X

Serie "El Mediterráneo"
- *La chica del tren,* 48 págs. ISBN 84-89344-72-8

Nivel 1

Serie "Lola Lago, detective"
- *Poderoso caballero,* 58 págs. ISBN 84-87099-31-9
- *Por amor al arte,* 68 págs. ISBN 84-87099-28-9
- *Una nota falsa,* 48 págs. ISBN 84-87099-73-4

Serie "Plaza Mayor, 1"
- *El vecino del quinto,* 56 págs. ISBN 84-87099-06-8
- *Reunión de vecinos,* 64 págs. ISBN 84-87099-72-6

Serie "Hotel Veramar 1"
- *...Pero se casan con las morenas,* 48 págs. ISBN 84-87099-8

Serie "El Mediterráneo"
- *El secreto de las flores,* 44 págs. ISBN 84-89344-73-6
- *¿Dónde está Sonia?,* 40 págs. ISBN 84-89344-74-4

Nivel 2

Serie "Lola Lago, detective"
- *La llamada de La Habana,* 48 págs. ISBN 84-87099-11-4
- *Lejos de casa,* 48 págs. ISBN 84-87099-74-2

Serie "Plaza Mayor, 1"
- *El cartero no siempre llama dos veces,* 72 págs. ISBN 84-87099-1

Serie "Primera Plana"
- *Vuelo 505 con destino a Caracas,* 80 págs. ISBN 84-87099-10

Serie "Hotel Veramar"
- *Moros y cristianos,* 48 págs. ISBN 84-87099-84-X
- *Más se perdió en Cuba,* 48 págs. ISBN 84-87099-82-3

Serie "América Latina"
- *Guantanameras,* 54 págs. ISBN 84-89344-39-6

Serie "El Mediterráneo"
- *Trapos sucios,* 48 págs. ISBN 84-89344-75-2

Nivel 3

Serie "Lola Lago, detective"
- *¿Eres tú, María?,* 56 págs. ISBN 84-87099-04-1

Serie "Aires de Fiesta"
- *De fiesta en invierno,* 48 págs. ISBN 84-87099-95-5
- *De fiesta en primavera,* 48 págs. ISBN 84-87099-97-1
- *De fiesta en verano,* 48 págs. ISBN 84-87099-96-3
- *De fiesta en otoño,* 40 págs. ISBN 84-87099-05-1

Serie "América Latina"
- *Un taxi a Coyoacán,* 48 págs. ISBN 84-89344-40-X
- *Más conchas que un galápago,* 52 págs. ISBN 84-89344-41-8
- *Mirta y el viejo señor,* 62 págs. ISBN 84-89344-42-6
- *La vida es un tango,* 44 págs. ISBN 84-89344-43-4

Nivel 4

Serie "Almacenes La Española"
- *Una etiqueta olvidada,* 38 págs. ISBN 84-87099-20-3
- *Transporte interno,* 38 págs. ISBN 84-87099-21-1

Serie "Hotel Veramar"
- *Ladrón de guante negro,* 56 págs. ISBN 84-87099-01-7

Nivel 5

Serie "Hotel Veramar"
- *Doce rosas para Rosa,* 56 págs. ISBN 84-87099-05-X